Karin Feuerstein

Kleine Landlieben

Lauben und Leben

Fotos von Ira Goldbecker
und Dirk Gerheim

BUSSECOLLECTION

Inhalt

Der Garten erwacht zu neuem Leben

Auf den ersten Blick wirkt der Garten wie sich selbst überlassen, so ganz naturverbunden. Und doch verbirgt sich dahinter viel Arbeit. Margarete liebt die frische Luft und den Geruch der Erde. Für die beruflich voll geforderte Krankenschwester ist der Garten ein herrlicher Ausgleich, besonders nach den kalten Wintertagen. Natur wird hier mit Natur verbunden und es wird einfach alles aus natürlichen Materialien gestaltet. Bienen finden in dem Garten fast das ganze Jahr Nahrung und für Insekten stehen viele Hotels bereit. Ich empfinde eine besondere Hochachtung vor dieser Gartengestaltung. Welch ein Einklang mit der Natur auf 300 Quadratmetern, mitten in der Stadt.

Frühlingsanfang & Frühlingsblüten

In regionalen Gärtnereien findet man sie noch: Tulpen mit nicht abgeschnittenen Zwiebeln. Mit Weidenkätzchen kombiniert und in eine Schale mit feuchtem Moos gestellt, hält der Blumenstrauß gerne vier Wochen. Was aus abgeblühten Zwiebeln entstehen kann, zeige ich ein paar Seiten weiter.

Schneeglöckchen beginnen den Jahreskreis im Garten

Sie sind die ersten Boten für sonnige warme Tage in der erwachenden Natur. Für das Wort Garten habe ich aus dem Obstbaumschnitt des Nachbarn Äste passend zurecht geschnitten und zu Buchstaben verschraubt. Verlängerungen habe ich hierbei berücksichtigt, um den Schriftzug in den Boden stecken zu können.

Wie aus einer anderen Zeit

Feuer & Flamme für Frühlingsdeko

Rund um den Kamin

Verschiedene Sorten Hartriegel, geschnitten und zusammengelegt, bringen Farbe in den Garten. Was daraus wohl später entsteht?

Schönes Versteck für das Wassergefäß

Ein von Margarete selbst geflochtener Korb umgibt ein Regenwasserbecken. Der Sichtschutz dahinter, natürlich auch selbst gefertigt, wird von einem Kranz aus Moos und vorgetriebenen Narzissenzwiebeln dekorativ zur Geltung gebracht.

Frühlingsfarben in Szene gesetzt Was sich hier präsentiert, sind keine karierten Maiglöckchen, sondern die Schachbrettblume. Im Beet oft unscheinbar, kommen die filigranen Blüten hier in einem von mir lose zusammengesteckten Kranz aus Birnbaumholz gut zur Geltung. Die Etagere schmückt sich ebenfalls mit Frittilaria (Schachbrettblume), sowie farblich passender Sterndolde (Astrantia) und Ranunkeln.

So vielfältig – schönes Flechtwerk

Kränze und Weiden

Ausgeblühte Zwiebeln und solche die noch treiben habe ich mit Margarete zu Kränzen verarbeitet.
Wie das geht? Einfach einen Strohrömer mit Moos umwickeln und anschließend die Blumenzwiebeln mit Zahnstochern darauf befestigen. Abgeschnittene Weidenruten bilden spiralförmig zusammengefügt einen Stehstrauß.

Frühling in Blau und Weiß

Gezielt ausgewählte Farben beleben das Grün. Wie zu allen anderen Jahreszeiten auch hat Angelika den Garten perfekt für das bevorstehende Osterfest vorbereitet. Zusammen mit ihrer Mutter bewirtschaftet ihn die angehende Rentnerin seit drei Jahren liebevoll. Ein farblich passender Blumenstrauß darf da natürlich nicht fehlen, den habe ich gerne für sie gebunden. Ein Osternest aus grünen Zweigen dekorierte ich unter dem Baum und schmückte es mit Eiern, statt diese nur aufzuhängen.

Dekorative Blütenpracht

Sanftes Weiß in zartem Grün

Frühlings-erwachen
in sanftem Weiß, wie der längst geschmolzene Schnee, und zartem Grün mit dem Lächeln des Frühlings.

KNIVES
SPOONS
FORKS

Schnuckelige kleine Gartenküche Das Wasser wurde heute in der Anlage wieder angestellt. Der Frühjahrsputz ist schnell erledigt und die Außenküche wird sofort wieder in Betrieb genommen, Küchenkräuter stehen auch schon bereit.

Ostertage in der dekorierten Gartenlaube

Gemütliches Häuschen mit dem Flair einer Puppenstube

Glückliche Momente erlebe ich immer wieder in Angelikas liebevoll dekorierten Haus. Klein und gemütlich ist es hier. Für die gewohnten abendlichen Fernsehserien muss Mama nicht so früh nach Haus. TV, Elektrokamin und Kuscheldecke laden zum Verweilen ein. Auch hier ist die Osterdekoration wieder perfekt farblich abgestimmt.

Hotel Mama
All inclusive
Unendliche Liebe
UNBEGRENZT ESSEN & TRINKEN
24/7 GEÖFFNET
Viele Küsse und Umarmungen
Mit Liebe geführt
DAS BESTE HOTEL DER WELT

Im Stil der 50er und 60er Jahre

Erholsame Oase zum
Genießen & Entspannen

Liebevoll dekoriert mit alten Dingen ist der terrassenförmig angelegte Garten. Das Rockabilly-Pärchen lädt an vielen Plätzen zum Verweilen ein. Schaut mal näher hin.

Vom Wasserkrug über Tisch und Stühle, bis hin zur alten Kaffeemühle, alles ist original aus den vergangenen Jahren zusammengetragen worden. Heute Nachmittag erwarten die beiden Gäste, doch vorher muss noch Zeit für ein kleines Frühstück sein. Die orangefarbenen Nelken harmonieren wunderbar mit dem schönen Geschirr. Ein paar Löwenmäulchen in dem dazugehörigen Krug bringen zusätzlich Farbe ins Haus.

Großmutters Zeiten auch im Haus

Die Hausbar –
ein ganz besonderes Stück

Geheimversteck für edle Tropfen – die Hausbar auf Rädern. Da geht man nicht hin, sie wird zu den Gästen gerollt, sogar rund um den Tisch. Wirklich ein besonderes Stück.

PLATEAU

Fein angerichtet!
Muffins in Hülle und Fülle

Coca

Welcome

drop

Kultgetränk & Retro lassen grüßen

Eine ungewöhnlich eingedeckte Tafel mit Pfiff, modern interpretiert.

Schweinespeck und Eiskonfekt zieren das leckere Gebäck. Ich kann es kaum erwarten zuzugreifen. Von mir aus darf die Party starten und stibitze mir schnell eins dieser verlockenden Küchlein. Hmmmmm... lecker!

Rot, rund und süß! Freche Früchte laden in Schalen aus Schallplatten zum Vernaschen ein.

In der Halblaube mit Sitzbank genießen die beiden glücklich den besten Ausblick über ihren Garten.

Vorfreude auf das Fest

Kolja & Juliette dürfen zu Recht stolz auf ihre Parzelle sein. In meinen Augen einer der schönsten Gärten der Anlage.

Schon entdeckt?
Wasserkessel & alte Waage

Maigrillen im Sommerhaus

Meine unmittelbare Gartennachbarin Karin mag es praktisch und mit klarer Linie. Hingezogen zum Süden liebt sie dieses Stückchen Erde und verbringt hier am liebsten jede freie Minute. Viel Arbeit soll dennoch nicht im Vordergrund stehen. Gesammelte Steine in der Etagere unterstreichen das Bild an der Wand, pflegeleichte Wasserpflanzen im Glas spiegeln das Grün vom Bambus vor dem Fenster wieder.

Ein Gartenhaus?
Wohl eher eine Finca!

Jederzeit willkommen

Freunde, Verwandte und deren Hunde sind hier jederzeit willkommen, auch übers Wochenende. Als perfekte Gastgeberin hat Karin genug Platz für Übernachtungsgäste, das Doppelbett im Dachgeschoss ist stets frisch bezogen und das Sofa wird im Handumdrehen zu einem Bett.

Made

Dekoration in Grau und Weiß

Wenn überhaupt Blühendes, dann bitte pur und nur in Weiß. Die Lilien verströmen einen bezaubernden Duft auf der Terrasse. Auch im Garten darf es nur grün sein, aber nicht eintönig, sondern als Ruhepol für die Augen.

Ein Hauch von Ibiza

Tischdeko mit Geschmack

Speisezimmer mit Ausblick Ob Sonne oder Regen, die überdachte Terrasse wird am liebsten genutzt. Diesmal für eine lange Tafel mit Freunden. Die Dekoration ist im Handumdrehen fertig: eine zu den Gartenmöbeln passende Tischdecke wird aus dem Schrank geholt und aufgelegt, ein langes Agarvenblatt findet seinen Platz darauf. Kaktusfeigen habe ich nicht bekommen, Limetten tun es auch. Die Blumen werden in Milchflaschen aus dem Haus dazugestellt und zwei Lampen aus dem schwedischen Möbelhaus fix aufgehängt.

Grillen mit Freunden

Dazu gibt es frisch gepflückten Salat aus dem Garten, knuspriges italienisches Brot, Antipasti und ein paar Soßen. Entspannt freut sich Karin auf ihre Freunde, mit der quirligen Ruby auf dem Arm.

Alles so lecker – was nehmen wir denn?

Da plant man einen schönen Nachmittag mit Freunden aus der Stadt, bereitet alles vor, und dann sinkt die Temperatur – aber nicht die Stimmung. Mit warmer Kleidung und Rentierfellen auf den Liegestühlen lassen wir uns von dem geselligen Beisammensein nicht abhalten. In gemütlicher Runde warten wir auf die Köstlichkeiten vom Grill. Ein prüfender Blick von Ingo in die Wolken, doch das Wetter hält. Es wird herzhaft zugelangt und viel gelacht.

Angrillen im sonnigen Monat Mai:

Was wird denn da gelästert? Vera und Tochter Lulu sitzt immer der Schalk im Nacken.

Faszination
Feuer und Kerzenschein

Feuerschale, warme Decken und Kerzen laden zum Bleiben ein. Satt und zufrieden machen wir es uns bequem. Glücklich, mit einem Würstchen im Magen, fallen meiner Stella fast die Augen zu – aber trotzdem muss alles genau beobachtet werden.

Kaffeetafel im Rosengarten

Claudia hat es gerne schön ringsrum. Alles steht an Ort und Stelle, und die Buchsbaumkugeln sind immer akkurat geschnitten.

Nur die Stockrosen machen was sie wollen. Das passt so gar nicht ins Konzept. Sie blühen in selbstbestimmter Farbe und wachsen nie am vorgesehenen Platz. Ich glaube, die lachen sich jedes Jahr ins Fäustchen, wieder ist ein Übergriff gelungen und ein bisschen Unordnung zurückerobert. Aber das liegt durchaus in Claudias Toleranzbereich, es darf auch mal etwas schief gehen: „Schief ist englisch, und englisch ist modern" lautet ihr Lieblingsspruch seit der Kindheit.

Britische Freilandrose

Das pinkfarbene Rosenstämmchen hat Claudia von einer Freundin zur Rosenhochzeit bekommen. Vom Vorbesitzer ihres Gartens hatte sie eine besonders angenehm duftende Rose übernommen, und so hat sich die Liebe zu Rosen entwickelt. Nun darf alles, was mit „Rose" endet, hier im Garten wachsen: Pfingstrosen, Stockrosen und historischen Rosen.

Durch Bögen hinauf zum Haus

Im Herbst hatte Claudia ihren Holunderbaum heruntergeschnitten, die Zweige in den Boden gesteckt und zu Bögen zusammengebunden, einfach nur zur Zierde. Zu meinem Erstaunen trieben die trockenen Hölzer in diesen Sommer wieder aus.

Wasser im Garten Jeden Wasserhahn im Garten ziert einen türkisfarbener Eimer, prall gefüllt mit Freilandrosen. Ein hübscher Willkommensgruß für ganz besonderen Besuch ... Ein paar abgebrochene Blüten dürfen auch im Gartenteich schwimmen, der grüne Frosch, der hier auch wohnt, ist sicherheitshalber erst einmal abgetaucht.

TELEPHONE

Viel Türkis

Die Gummistiefel wurden für die Sommersaison sprichwörtlich an den Nagel gehängt und natürlich liebevoll dekoriert. Türkis ist die Flasche von Bombay Sapphire Gin, und Gin Tonic war das Lieblingsgetränk der Queen Mum. Davon inspiriert, findet man hier im Garten viel Türkis.

Eine Himmelsleiter sommerlich dekoriert

Ein geflochtener Zopf aus Heu

birgt kleine Wassergläser, die mit Blumensträußchen gefüllt sind.

einer
bin im
ten!

Eine englische Kaffeetafel

farblich abgestimmt mit englischen Freilandrosen.

Die Überraschung ist gelungen

Über eine Auswahl an süßen Kuchen, Törtchen und Petit Fours zur Feier des zweiten Hochzeitstages, freuen sich Sohn und dessen Frau, die gerade von der grünen Insel zu Besuch gekommen sind.

Ein kleines Ferienhaus

Alte Schilder, schöne Flaschen und allerlei andere Gegenstände erinnern an Reisen zu den schönsten Flohmärkten in Europa. Wie zufällig treffen sich hier alte Glasflaschen aus Schottland, Schilder aus Venedig und ein Hocker aus Berlin.

Café Français
CAFÉ & BISTRO
LOVE

OVE

Kurzurlaub für Weltenbummler

Eigentlich waren Achim und Gabi voll ausgelastet mit ihren Hobbys: Motorrad fahren und Reisen. Achim ist Mitglied eines internationalen Motorradclubs, dessen Mitglieder aktiv viele soziale Projekte unterstützen. Und am Wochenende besucht man sich gern und oft gegenseitig. Auch Gabi beteiligt sich an vielen sozialen Projekten und ist ständig unterwegs. Aber nach 20 Jahren in ihrer Altstadtwohnung hatten die beiden Lust auf einen Rückzugsort im Grünen.

Pralle Weinreben schenken der Veranda des Gartenhauses einen natürlichen Sichtschutz. Die Hortensie Annabelle trägt wieder unzählige weiß leuchtende Blüten. Ein schöner Kontrast zum grünen Weinlaub.

Rückzugsort für Weltreisende

Die Skulptur eines betenden, buddhistischen Mönches mit wunderschönem Gesicht zaubert jedes Mal ein Lächeln in mein Gesicht, wenn ich am Garten vorbeigehe.

Eine Weltkarte zum Rubbeln. Achim und Gaby sammeln „Länderpunkte", und Gabis Karte ist mit 60 Ländern schon wesentlich bunter als die untere von Achim. Und es gibt noch so viel zu sehen in den fast 200 Ländern dieser Welt.

Die Veranda ist ein wahrer Ort der Entspannung und lädt dazu in jeder Jahreszeit ein, denn die Fenster sind einsetzbar. Ich habe den beiden ein paar Dahlien aus meinem Garten geschnitten. Das Gelb passt farblich so wunderbar zu den Stühlen. Gabi ist ohnehin ein farbenfroher Mensch, wie man auf den folgenden Seiten sieht.

A GOOD
DAY
HAVE A

Das Haus

haben die beiden nach der Übernahme von einem alten Ehepaar von Grund auf renoviert, mit neuem Fußboden und komplett neuem Anstrich. Die Möbel der Vorbesitzer durften bleiben und wurden einfach passend umlackiert. Im ganzen Haus entdecke ich Mitbringsel und Erinnerungen an die vielen Fernreisen.

Im Dachgeschoss befindet sich ein kleines Schlafgemach, ein kleiner Shaolin mahnt zur Ruhe. Hier wird von neue Abenteuern geträumt. Im Sommer bleiben die beiden auch gerne über Nacht.

Die Küche mit gefliesten Wänden und modernem Gerät bietet Platz für internationale Koch- und Backaktivitäten. Wänc und Decke in Weiß schaffen eine helle und freundliche Atmosphäre.

Get Lost

Get Lost
GARTEN

FunChum

Tafelfreuden marokkanisch

Gabi freut sich schon auf die nächste Reise und hat zur Urlaubseinstimmung die Terrasse marokkanisch eingedeckt.

Dahlien in aufgehängten Windlichtern sind das i-Tüpfelchen unter dem Sonnenschirm. Am Ende des Tages freuen sich die beiden bei einem spannenden Backgammon-Spiel schon wieder auf den nächsten Kurzurlaub im Garten.

Kinder im Gartenglück

Wie sind wir Erwachsenen groß geworden? Nach der Schule konnte man nicht schnell genug nach draußen kommen: spielen, durch Bäche waten, Frösche fangen und Hütten bauen. In der Großstadt ist das nicht möglich, aber nur fünf Minuten von zu Hause entfernt steht die Gartenlaube. Dort können Frida und ihre Freundin Emilia unbeschwert draußen toben.

Ein bezaubernder Familiengarten

Der Anfang von diesem Gartenglück war noch recht holprig: Ist das Unkraut, kann das weg? Das Stromkabel wurde beim Heckenschnitt gekappt, die vielen Spinnen mussten aus dem Haus gejagt werden und die Wasseruhr war nicht auffindbar. Mittlerweile haben Sylvia und Thomas alles gut im Griff, und bei Fragen helfen gern die lieben Gartenfreunde weiter.

Abenteuer erleben, Tiere beobachten, Pflanzen kennenlernen, bis zum Himmel schaukeln, im Sandkasten buddeln und nach Herzenslust mit Kuchen krümeln, was könnte schöner sein?

Blühemde Hortensien, gedeckte Farben und handgetöpfertes Geschirr. Sylvia hat hier mit großartigem Gespür für Zusammengehörigkeit eine wunderschöne Idylle erschaffen. Als willkommene Auszeit radelt Thomas darum gerne mal für eine Stunde in den Garten und danach wieder erfrischt zurück ins Büro.

Am Nachmittag kehrt Ruhe ein

Träumen

in der Hängematte. Frida kuschelt sich müde an. Was für ein Tag! Gesunde, lebhafte Kinder sind ein Geschenk. Allerdings ist es auch schön, dass sie mal müde werden.

Wohlfühloase im Grünen

Es geht viele Treppenstufen hinab. Tief verborgen in einer Senke liegt der weitläufige Garten von Beate, den sie 2002 übernommen hat. Den größten Teil ihrer Kindheit und Jugend verbrachte sie bei ihren Eltern in der Gartenanlage. Und trotz Eigenheim mit großem Garten, kann sich Beate kein Leben ohne ihre grüne Oase vorstellen. Nur hier ist sie ständig draußen an der frischen Luft, zu Hause nicht, da ruft sie die alltägliche Arbeit ins Haus.

Schlicht & elegant in purem Grün

Schlicht & praktisch ist auch das Innere des Hauses gehalten. Um den Kaminofen beneide ich Beate herzlich. Weil sie den Garten schon so lange hat, darf sie die Feuerstelle mit Ausnahmegenehmigung noch betreiben. Bei Besitzerwechsel müssten Ofen und Schornstein entfernt werden.

Eine Küche mit altem Herd,

der hier nur noch zur Zierde steht. Es wäre viel zu schade, das alte Original zu benutzen. Die silberfarbenen Töpfe sind mit Stielen der Renautria-Pflanze gefüllt, eine Artischockenblüte krönt den Abschluss.

Steppenkerze

wird die Blüte des Eremurus auch genannt. Eigentlich sollten die gesteckten Arrangements ganz schlicht mit Moos verfeinert werden, dann habe ich aber spontan den Baumstumpf damit umwickelt. Das Holz, eigentlich für den Ofen gedacht, ist auch eine viel schickere Lösung.

Spätsommer im Garten Die Tage werden kürzer und kühler, doch so richtig ist vom Herbst noch nichts zu merken. Die Liegen laden ein zum Entspannen, der Sitzplatz vor dem Haus bittet mich zu bleiben. Gräser über Gräser. Ich bin immer wieder beeindruckt, wie konsequent der Garten in Grün gehalten wird, mit dem Ruhepol dieser riesigen Holzterrasse. Respekt Beate! Aber Gemüseanbau ist nicht so ihr Ding. Das machen die Eltern schon zur Genüge. Dann doch lieber Rasen mähen.

Die Eltern begrüßen freudig Ihre Tochter am Gartentor. Alfred und Traudl haben schon Gemüse und Salat bereit gestellt, es müssen nur noch ein paar Kartoffeln ausgegraben und Tomaten gepflückt werden. Fast täglich sind ihre beiden rüstigen Rentner in ihrem Garten zu finden und sie sind auch der soziale Treffpunkt anderer Gartenfreunde: Ratgeber für Gemüseanbau, Kräuternutzung, handwerkliche Anleitung, Anlaufstelle für Werkzeugverleih oder einfach nur für eine Tasse frisch gebrühten Kaffee.

Lust und Last

„Hüterin der Gemüsepflanzen" könnte man Traudl nennen. Ihr Kampf gegen die Nacktschnecken ist unermüdlich.

Zum täglichen Treff der Veteranen, Punkt 11:00 Uhr, stehen Kaffee und Brötchen stets bereit. Das ganze Jahr über, auch im Winter.

In ihrem Garten mit unzähligen Gemüsesorten finde ich noch das „alte“ Schrebergartenleben. Selbst im hohen Alter pflegen „Don Alfredo“ und seine Frau ihr liebstes Hobby: Gemüseanbau für die ganze Familie.

Gartenhaus im Winter

Der Garten hält Ruhe, die auch ich hier fühlen kann. Müßig gleiten meine Augen über die Schneedecke, ohne Drang, den Spaten in die Hand zu nehmen. Ich zünde ein paar Kerzen an und gieße einen Tee auf. Ich nehme mir Zeit zu genießen, loszulassen, Kraft zu schöpfen und mich wohlzufühlen. Mein Handy hat keinen Empfang, Facebook und Email spielen hier keine Rolle.

Natur im Winterschlaf

Kerzenlicht
erhellt die Stimmung

Stimmungsvolle Dekorationen mit Outdoor-Kerzen

Kränze, Tannenbäumchen und Kerzen Ich habe es gemütlich gemacht: warme Felle, Decken und Kissen, das Feuer im Kamin erwärmt nicht nur das Herz. Der Garten ist stimmungsvoll dekoriert, das macht mir immer große Freude. Hier muss nichts perfekt sein und doch fügt sich immer alles passend ein.

Willkommen im Haus!

Bitte Platz zu nehmen! Auf kuschelig warmen Kissen und Fellen.

Gläserreigen griffbereit

Die Gläser klirren nicht, sie hängen still. Wird am Abend Wein getrunken, sind die Gläser abnehmbar.
Diese Lampe musste es sein und keine andere, genau über dem rustikalen Eichentisch. Dass lange Zeit vergehen würde, bevor sie im renovierten Gartenhaus aufgehängt werden konnte, war mir beim Kauf nicht bewusst. Dafür passt jetzt alles perfekt.

So wird's gemacht: Tannenbäumchen

Ein schmales Vierkantholz wird hochkant auf eine Baumscheibe geschraubt, die den Standfuß bildet. Tannenzweige werden passend in verschiedenen Längen zurechtgeschnitten. Von der Baumscheibe ausgehend werden die längsten Zweige, nachfolgend immer kürzere, von unten nach oben bis zur Spitze gebunden. Grüner Wickeldraht vom Floristen eignet sich dafür am besten. Eine kleine Lichterkette gibt dem Ganzen noch noblen Glanz. Baumschmuck wäre für ein so liebevoll gestaltetes Werkstück zu viel des Guten.

Kronleuchter Kaminfeuer & Co.

In meiner Gartenküche herrschen andere Gesetze als zu Hause. Gäste spülen unaufgefordert ihr Geschirr und sortieren es wieder ein. Tupperdosen gibt es hier in Hülle und Fülle um Übriggebliebenes aufzuteilen. Es wird nichts entsorgt. Auf dem Gasbrenner wird nach Herzenslust gekocht und eingekocht, es kommt nicht darauf an, ob es spritzt oder kleckst. Auf kleinstem Raum wird hier im Sommer oft gedrängelt, geschubst und gelacht. Das ist so üblich im Gartenhaus. Heute gibt es Sylter Tee mit hausgemachtem Gebäck. Das Geschirr von Oma hat hier seinen Platz gefunden. Es passt so schön zu den Kacheln in der Küche.

Viel Platz auf kleinem Raum

Gemütliche Teestunde mit Selbstgebackenem

Küchentücher wurden spontan zu Servietten umfunktioniert, die Halter dafür haben mir die Vorgänger hinterlassen, ebenso den Tisch, er ist mein ganzer Stolz.

Eine Wand mit Geschichte

Diese tollen Eichenbohlen waren nebst Gasbrenner in der Küche bereits vorhanden. Es war ein Garagenfund bei einem befreundeten Gastronomen. Die lieblos in die Ecke geworfenen Bretter, einst die Verkleidung eines Glühweinstandes, wurden zu einer einzigartigen Wand recycelt, die dem Raum Gemütlichkeit verleiht. Ursprünglich war hier eine grobe Steinwand geplant. Eine Garderobe im Stil einer Landhaustür ersetzt die fehlende Fläche. Die alte Bank, mit viel Stauraum, habe ich in Holland erstanden. Weiß, wie die übrigen Wände und die Garderobe, fügt sich alles wunderbar zusammen.

Laube, kleine Landliebe oder neues Lebensgefühl?

Foto: Studio HIRSCHMEIER

Eine kurze Geschichte als Nachwort: Als ich vor sieben Jahren freudestrahlend bekannt gab, ich würde einen Schrebergarten übernehmen, wurde ich von meinem Umfeld regelrecht ausgelacht, ja, fast sogar beschimpft: „Party-Karin hat jetzt einen ‚Strebergarten', Spießertum statt Feste feiern!" Mehr als Gehörtes über Drittelregelung, festgesetzte Heckenhöhen und strenge Gartenordnung war den meisten nicht bekannt. Ich hab' sie alle reden lassen und mich fröhlich schaffend in die Renovierung des urigen Steinhäuschens gestürzt. Der Garten war mit Hilfe meiner alteingesessenen und geliebten Nachbarin Celina sowie ihrem Mann Bruno schnell auf Vordermann gebracht.
Nach und nach trieb es die ersten Neugierigen zu mir in den Garten, und auf einmal war meine neue Liebe zur Natur gar nicht mehr so außergewöhnlich. Meine Freundin und Namensschwester Karin bezog zwei Jahre später direkt den Garten neben mir.
Nur eine Freundin wollte mich während der ersten drei Jahre partout nicht besuchen: „Was soll ich denn da?", wurde ich immer wieder empört gefragt. Wegen einer Verabredung unserer Söhne stimmte sie dann doch gnädigerweise zu, auf eine Bratwurst vorbeizuschauen. Und ich feixe noch heute – ihr erster Satz mit hoher Stimme war: „Wo ist die nächste Parzelle frei?". Mittlerweile ist sie selbst stolze Laubenbesitzerin und mit voller Freude dabei.

Die einst so traditionsreichen Anlagen verjüngen sich in letzter Zeit sehr stark. Viele, besonders junge Leute, zieht es wieder in die Natur. Auch wenn es zu Anfang recht schwer ist, Unkraut von Nützlichem zu unterscheiden und handwerkliches Geschick an den Tag zu legen, die ersten eigenen Zucchini sind die besten auf der Welt. In Großstädten wie Berlin und Hamburg ist man als Laubenbesitzer ein Hipster und es gibt inzwischen Begriffe wie z.B. „Schrebergarten Deluxe". So weit mag ich aber gar nicht gehen. Eine Millionen Schrebergärten gibt es in Deutschland, und es sind bestimmt ganz viele renovierte Häuschen mit wunderbaren Gärten dabei, von denen ich noch nicht einmal etwas ahne. Ach, ich würde gerne Mäuschen sein, oder lasst ihr mich freiwillig durch eure Pforte?

Ich danke allen Gartenfreunden aus unserer Anlage, die mit Elan und Eifer an diesem Buch mitgewirkt haben. Gemeinsames Ziel war es aufzuzeigen, wie schön ein grüner Rückzugsort mitten im Stadtgebiet gestaltet werden kann. Und das hat so gar nichts mehr mit Spießertum gemein – obwohl heute genau wie damals in den Lauben gelacht, gefeiert, dekoriert, gekocht und gegrillt wird, nur jetzt mit Strom und fließendem Wasser.

Karin Feuerstein

Idee, Styling, Text: Karin Feuerstein
Fotos: Ira Goldbecker, Dirk Gerheim; Seite 128 und Schutzumschlagklappe vorne: Studio HIRSCHMEIER
Layout: Christina Büscher
Druck und Herstellung: DZS Grafik, Ljubljana/Slowenien
ISBN 978-3-512-04070-2

www. bussecollection.de

KORSIKA
0
10
20 km
N
Ile de la Giraglia
Iles Finocchialola
Centuri
Macinaggio
Pino
Luri
Monte Stello
Nonza
Golfe de St-Florent
BASTIA
St-Florent
Punta di l'Acciolu
Nizza - Marseille
Genua - Livorno
Sardinien
Marseille - Toulon
Nizza
Algajola
Ile-Rousse
Sant'Antonino
Golfe de Calvi
Calvi
Punta de Revellata
Lama
Ostriconi
Monte Astu 1535 m
Etang de Biguglia
Olmi-Cappella
Monte Grosso 1938 m
Tartagine
Vescovato
Castellare-di-Casinca
Ponte Leccia
Asco
Fango
Galéria
Monte Cinto 2706 m
Golo
Paglia Orba
Piedicroce
Monani-Plage
Ile de Gargali
Punta Scandola
Golfe de Girolata
Capu Tafonatu 2343 m
Calacuccia
Corte
Sermano
Punta Artica 2327 m
Golfe de Porto
Lac de Nino
Porto
Tavignano
Capu Rossu
Piana
Lac de Melo
2625 m
Venaco
1 2 3 4 5 6 7 8 9 10 11 12 13 14 15 16 17 18 19 20 21 22 23 24 25 26 27 28 29 30 31 32 33 34 35 36 37 38 39 40 41 42 44 45 46 47 48 54 55 56 57 58 59 60 61 62 63 64 65